COCO ET BOBO

Qu'est-ce que c'est ? C'est un chien.

Qui est-ce ? C'est Coco ! Il a trois ans.

Il est <u>très</u> grand.

Coco habite Chienville.

DANS LA RUE...

Coco est triste. Coco est _très_ triste.

Mais Bobo arrive dans la rue. Il regarde Coco.

Bobo est content... et Coco aussi est content,
très content.

ACTIVITES BIBLIOBUS

A Coco says five things about himself. Which one is not true?

1. Je m'appelle Coco.

2. J'ai trois ans.

3. Je suis un chat.

4. Je suis très grand.

5. J'aime Bobo.

B Three French words are hidden in this word square. Can you find them?

```
R  C  B  T  S
X  A  F  A  S
X  F  R  B  Y
Z  E  J  L  P
C  H  I  E  N
```

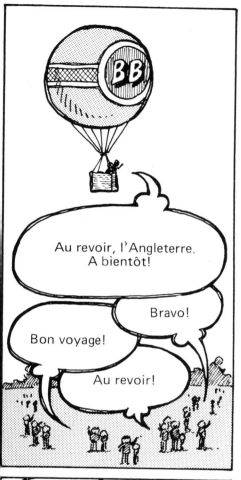

ACTIVITES BIBLIOBUS

A Match up the pictures 1–5 with the sentences a–e.

1

2

3

4

5

a. C'est Bill.

b. C'est le ballon.

c. C'est Zouzou.

d. C'est un fromage.

e. C'est une bouteille.

B Some of the words from the story have split into two. Can you make five words by putting the balloons and baskets together again?

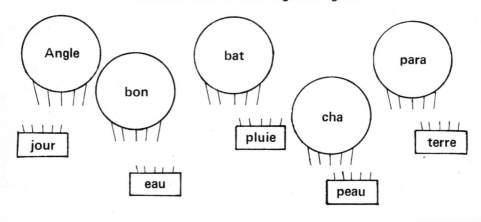

Angle

bon

bat

cha

para

jour

eau

pluie

peau

terre